AF461423

LA BONNE FEMME,

OU

LE PHÉNIX,

PARODIE D'ALCESTE,

EN DEUX ACTES, EN VERS,

MÊLÉS DE VAUDEVILLES ET DE DANSES;

Représentée, pour la premiere fois, par les Comédiens Italiens Ordinaires du Roi, le Dimanche 7 Juillet 1776.

Le prix est de 24 sols.

A PARIS,

De l'Imprimerie de CHARDON, rue Galande.

M. DCC. LXXVI.

Avec Permission.

PERSONNAGES.

RENÉ,	*M. Trial.*
MATHURINE,	*Mad. Trial.*
BARBARIGO,	*M. Nainville.*
UN DEVIN,	*M. Thomassin.*
NICETTE,	*Mlle Beaupré.*
GUILLOT,	*M. Narbonne.*
ARLEQUIN,	*M. Coraly.*
SOLDATS.	
PAYSANS & PAYSANNES.	

Le Théâtre représente un Hameau. Sur la droite est une Caserne désignée par un drapeau fiché dans la muraille.

LA BONNE FEMME,

OU

LE PHÉNIX,

PARODIE D'ALCESTE.

ACTE PREMIER.

SCENE PREMIERE.

MATHURINE, NICETTE.

MATHURINE.

TU me connois, Nicette, & tu ſais ſi je l'aime,
Juge par-là de mon ennui.
René depuis trois jours n'eſt pas rentré chez lui.

NICETTE.

Depuis trois jours ! mon oncle ! . . .

MATHURINE.

Oui, ton oncle lui-même.
Un débat entre nous eſt par lui ſurvenu;
Le traître a pris la fuite & n'eſt point revenu.

AIR : *Jeune & novice encore.*

La lampe à peine éteinte,
Il ſort à petits pas :
Je ſommeillois ſans crainte;
Je ne m'éveillai pas.
Mais ſeule en ma retraite,
Le matin, quel effroi !
Je ſentis bien, Nicette,
Qu'il étoit loin de moi.

NICETTE.

Quel ſujet donc ?

MATHURINE.

Un rien, ma chere :
Depuis qu'on a tout près logé ce Régiment,
René boit plus qu'à l'ordinaire;
J'ai d'abord très-modeſtement
Combattu ſon intempérance;
Il a laſſé ma patience,
Je m'en ſuis plainte amérement.

NICETTE.

Si bien . . . . .

MATHURINE.

AIR : *Tout roule aujourd'hui.*

Si bien qu'il s'eſt mis en colere :
Mais le reméde étoit aiſé;
J'aurois dû là me ſatisfaire,
Quelques coups l'auroient appaiſé.

Car c'eſt, quand un mari fait rage,
Ainſi qu'on l'apprend à céder,
Pareil à ces meubles d'uſage
Qu'il faut battre pour les garder.

NICETTE.

AIR : *Du Catinat.*

Mais de le battre alors c'étoit bien là le cas.

MATHURINE.

Je ne ſais trop pourquoi je ne m'emportai pas ;
Je crus, en lui cédant, remettre tout d'accord.

NICETTE.

Etre femme, & céder !

MATHURINE.

Oui, oui ; c'eſt un grand tort.

AIR : *Du haut en bas.*

Plus d'un mari,
Après un ſi cruel eſclandre,
Plus d'un mari
A ſon retour s'eſt vu trahi :
Mais pour le mien j'ai le cœur tendre,
Et je ne ſuis pas femme à prendre
Plus d'un mari.

Quoi qu'il en ſoit, depuis ce tems, Nicette,
Je gémis ; ſon ſort m'inquiette....

NICETTE.

Bon ! gémir ! un mari qui pourroit me quitter...

MATHURINE.

Hélas ! on a beau faire ; il faut les regretter.

AIR : *Dans ma cabane obſcure..*

Toutes tant que nous ſommes,
Trop foibles ſur ce point,
Nous pardonnons aux hommes
Qui ne pardonnent point.

Quel empire funeste
Ont-ils donc sur nos sens ?
Présens, on les déteste ;
On les desire absens.

Guillot, notre parent, qui prend part à l'affaire,
Est allé consulter le Berger du canton :
C'est un Sorcier fort habile, dit-on,
Mais sa lenteur me désespere.
Regarde du côté du bois.

NICETTE.

Où donc ?

MATHURINE.

A gauche.

NICETTE.

Attendez, j'apperçois...

MATHURINE.

Bon ! quoi !

NICETTE.

Rien, rien.

MATHURINE.

Grand Dieu, qu'il tarde !

NICETTE.

AIR : *Va-t-en voir s'ils viennent, &c.*

Mais Guillot a-t-il promis

MATHURINE.

Son délai m'assomme !

NICETTE.

De parcourir le pays
Pour déterrer l'homme ?

MATHURINE.

Va-t-en voir s'ils viennent donc,
Va-t-en voir s'ils viennent.

NICETTE.

Puis ce berger tant prôné,
Avec ſa magie,
Nous dira-t-il ſi René
Eſt encore en vie ?

MATHURINE.

Va-t-en voir s'ils viennent donc,
Va-t-en voir s'ils viennent.

NICETTE.

Non ; perſonne ne vient.

MATHURINE.

Regarde encore, regarde.

NICETTE.

AIR : *Souvenez-vous*, &c.

Ma tante, voilà Guillot.

SCENE II.

LES PRÉCÉDENTES, GUILLOT.

GUILLOT.

OUI dà, c'eſt moi, c'eſt Guillot ;
Le berger ne m'a dit mot ;
Nous l'aurons bientôt.

MATHURINE.

Il ne t'a dit mot ?

GUILLOT.

Non ; mais nous l'aurons bientôt.

NICETTE.

Sa ſcience eſt en défaut.

GUILLOT.

Quant à René, ma foi, faut s'armer de courage;
Selon toute apparence, il eſt hors du village :
J'ai tant couru que j'en ſuis las,
Et le pire eſt encor que j'ai perdu mes pas.

AIR : *Qu'il pleuve, qu'il vente, qu'il tonne.*

Je cours par-tout, & chacun crie :
Chercher René c'eſt folie;
Plus de querelle
S'il s'eſt enfui;
Tant mieux pour elle,
Tant mieux pour lui.

AIR : *Rlan tan plan*, &c.

J'ai pris un autre parti.

MATHURINE.

Qu'eſt-ce ?

GUILLOT.

Seul à la grille du château,
Je ſuis allé battre la caiſſe,
Pour aſſembler tout le hameau.
Le bruit rouloit comme un tonnerre;
On s'eſt attroupé dans l'inſtant.
Rli, rlan;
Et là, chacun m'admiroit faire
Rlan tan plan
Tambour battant.

AIR : *Quoi! ma voiſine, eſt-tu fâchée?*

Puis j'ai crié : paix là ; ſilence!
Chacun s'eſt tû.
« Meſſieurs, la choſe eſt d'importance;
» Mari perdu.
» Que ſi quelqu'un ſe le deſtine;
» Comme il eſt dû,
» Dans ſon entier qu'à Mathurine
» Il ſoit rendu ».

MATHURINE.

De tant de ſoins je te rends grace,
Mon cher Guillot; mais à ta place,
Tout en parlant, j'aurois bien obſerve.

GUILLOT.

Vraiment un bruit confus s'eſt d'abord élevé;
Les femmes ſe parloient : il falloit les entendre.
L'une diſoit d'une voix tendre :
« Je voudrois bien l'avoir trouvé. »
L'autre diſoit : « ouï, mais il faut le rendre. »

MATHURINE.

Hélas! de tels diſcours me font aſſez comprendre
Que je dois pour René craindre quelqu'accident.
Ce Berger ſe fait bien attendre!

GUILLOT.

Il me ſuivoit de près pourtant.
Il ne peut tarder, & j'augure....
Je l'apperçois.

NICETTE.

Quelle figure!

SCENE III.

LES PRÉCÉDENS, UN DEVIN.

MATHURINE.

AIR : *Ah! mamam, que je l'ai échappé belle.*

SATISFAIS à notre impatience;
Il faut tout l'effort,
Tout le reſſort
De ta ſcience.

NICETTE.

Satisfais à notre impatience;
Rien ne t'eſt caché,
Tu ſais où René s'eſt niché.

LE DEVIN.

Quel intérêt y prenez-vous?

MATHURINE.

Mais voirement, Monſieur, la demande eſt fort bonne:
Quel intérêt j'y prends! c'eſt qu'il eſt mon époux.

LE DEVIN.

C'eſt pour cela qu'on s'en étonne.

MATHURINE.

Air: *De Joconde.*

René ſuffit à mon ardeur.

LE DEVIN.

Allons, ſoyez ſincere.

MATHURINE.

René ſeul fait tout mon bonheur.

LE DEVIN.

Ne mentez pas, ma chere.

MATHURINE.

Quoiqu'époux, mon cœur le chérit.

LE DEVIN.

Si la choſe eſt croyable,
Le vrai par fois peut, comme on dit,
N'être pas vraiſemblable.

MATHURINE.

Vous ſaurez donc qu'il s'eſt perdu;
Je cours pour le chercher, & cours à perdre haleine:
Guillot s'eſt joint à moi; notre pourſuite eſt vaine,
Et je voudrois ſavoir ce qu'il eſt devenu.

Je l'ai fait afficher dans tout notre village ;
Mon amour me forçoit à ne rien négliger :
Mais s'aimer est si peu d'usage,
Qu'en me ramenant le volage,
On croiroit me désobliger.

LE DEVIN.

En ce cas, d'ordinaire on promet, ou l'on donne
Un certain prix à qui rendra.

NICETTE, *au Devin, malignement.*

Aussi le mal-adroit qui le retrouvera,
Pour récompense, on lui pardonne.

MATHURINE.

Ainsi, Monsieur, parlez-nous clairement.

NICETTE.

Ne déguisez rien.

LE DEVIN.

Un moment.

AIR : *Que je regrette mon amant !*

Sur le passé, sur le futur,
Je remplirai ce qu'on m'impose :
Mais le présent est le plus sûr,
Il faut en dire quelque chose,
J'aurai fait en deux mots.

NICETTE.

Hé Quoi ?

LE DEVIN.

Paix, taisons-nous ; écoutez-moi.

AIR : *De tous les Capucins du monde.*

Quand pour triompher d'un obstacle,
Jadis on consultoit l'oracle,
L'or étoit le meilleur moyen :

L'or pressoit l'effet des demandes ;
Et le Dieu ne refusoit rien
Lorsqu'on chargeoit l'autel d'offrandes.

MATHURINE.

Fort bien. J'entends à demi-mot.

LE DEVIN.

Décidez-vous, & je prononce.

GUILLOT.

Moi, je n'y comprens rien.

NICETTE.

Le sot

MATHURINE.

Je comprends à merveille, & voici ma réponse.

AIR : *Le Port-Mahon est pris.*

Tenez,
Prenez
Ma croix,
Elle est fine, je crois.

LE DEVIN.

Oui, mais un peu légere.
Le poids, le poids fait mieux mon affaire.

MATHURINE.

C'est bien assez, j'espere,
D'y joindre un anneau d'or.

LE DEVIN.

Pas encor,
Pas encor,
Pas encor.
Mais Nicette, à son tour.....

NICETTE.

Pour hâter son retour,
Sent une ardeur pareille.

LE DEVIN.

J'apperçois là des boucles d'oreille.

NICETTE.

Je les donne.

LE DEVIN.

A merveille!

MATHURINE.

Non; ma niéce, arrêtez.

LE DEVIN.

Apportez,
Apportez,
Apportez.
Or procédons. Rangez-vous ſur deux lignes;
Et, ſans les interrompre, obſervez bien mes ſignes.

AIR : *Menuet d'Exaudet.*

Lucifer,
De l'enfer
Prince auſtere,
Armé d'un ſceptre de fer,
Et plus prompt que l'éclair,
Apparois ſur la terre....
Tremblez. Il obéit. Je le ſens. Je le vois.
Ecoutez bien. C'eſt lui qui parle par ma voix.

AIR : *Des folles d'Eſpagne.*

Que Mathurine à la douleur ſe livre:
Car en vertu du grand pouvoir que j'ai,
De l'*avenir* je conſulte le livre;
J'y vois qu'*hier* René s'eſt engagé.

NICETTE.

Engagé!

MATHURINE.

Juſte Ciel!

GUILLOT.

Engagé!

NICETTE.

Mais comment !

LE DEVIN.

Comment ? Parbleu comme on s'engage.

MATHURINE.

Eſt-il poſſible ?

GUILLOT.

Et dans quel Régiment,
S'il vous plaît ?

LE DEVIN.

Dans celui qui loge en ce village.

MATHURINE.

Monſieur, parlez, de grace....

LE DEVIN.

Adieu.
Je ne ſaurois reſter. Le Seigneur de ce lieu
M'a mandé ce matin pour importante affaire,
Dans laquelle il prétend que mon ſavoir l'éclaire.
Sa femme, qui jamais ne l'avoit careſſé,
Amante hier au ſoir, l'a trois fois embraſſé.
Il veut abſolument d'un ſang-froid que j'admire,
Que je lui diſe moi ce que cela veut dire.

SCENE IV.

MATHURINE, GUILLOT, NICETTE.

MATHURINE.

AIR : *Si des galans de la ville.*

A CE coup j'ai dû m'attendre ;
Il faut faire un grand effort :

Mes amis, j'ai le cœur tendre,
Mais par bonheur l'eſprit fort.

Que je ſuis infortunée !
A la fois combien de maux !
Infidele à l'hymenée,
Il peut l'être à ſes drapeaux.

A ce coup j'ai du, &c.

Oui, tu peux briſer la chaîne
Qui réuniſſoit nos cœurs ;
Cruel ! il n'eſt point de peine } *bis.*
Pour les maris déſerteurs. }

A ce coup j'ai dû m'attendre,
Il faut, &c.

GUILLOT.

AIR : *Des billets doux.*

Je n'y tiens pas ; mon cœur ſe fend,
Et pour René, dès ce moment,
Je me fais militaire :
Si le Roi, ſenſible à ma peur,
Me promet, parole d'honneur,
Qu'on n'aura pas la guerre.

MATHURINE.

Je ſuis loin de compter ſur toi ;
Mais cependant que faire ? Enfin, conſeillez-moi.

NICETTE.

AIR : *De la Baronne.*

Comme mon frere,
Si j'étois courageuſe, hélas ! *bis.*
Je pourrois vous tirer d'affaire :
Mais par malheur, je ne ſuis pas
Comme mon frere.

GUILLOT.

AIR : *Où allez-vous, M. l'Abbé?*

C'est grand dommage, ſur ma foi ;
Car un ſoldat fait comme toi,
Plus adroit que les nôtres...

NICETTE.

Hé bien !

GUILLOT.

En peut enrôler d'autres,
Vous m'entendez bien.

MATHURINE.

Songez plutôt, ſongez à l'embarras extrême
Où René me réduit par un pareil écart ;
Que réſoudre enfin ? car je l'aime,
Et ne puis, ſans frémir, penſer à ſon départ.
Dis donc, Guillot.

GUILLOT.

Que faut-il que je diſe ?
Moi, je n'ai qu'un conſeil à donner là-deſſus :
C'eſt de le dégager en payant cent écus.
Mais, pour parler avec franchiſe :

AIR : *Nous ſommes Précepteurs d'Amour.*

Si j'étois femme & non Guillot,
Je garderois, ma foi, la ſomme :
Ou bien, payant deux fois ma dot,
Il me faudroit deux fois un homme.

On peut financer quelquefois
Lorſqu'on veut s'en donner un autre :
Mais vous bleſſez toutes les loix
En payant pour garder le vôtre.

MATHURINE.

J'ai cet argent tout prêt ; mais il eſt deſtiné :
C'eſt un quartier échu depuis huitaine ;

On l'attend au Château, j'en ſuis plus que certaine,
Et ne peux m'en ſervir ſans expoſer René.
Quoi qu'il en ſoit, riſquons, Nicette :
J'ai ſerré cet argent dans un tiroir à part ;
Voilà ma clé : prends, tout &, ſans retard,
Qu'à l'Officier, Simonin le remette.

NICETTE.

J'y cours.

SCENE V.

GUILLOT, MATHURINE.

GUILLOT.

CE n'eſt pas tout. Le rendra-t-il ce ſoir,
Si perſonne aujourd'hui ne s'engage à ſa place !
Tenez, morgué ! tout ça. . . . .

MATHURINE.

Je ſuis au déſeſpoir.
Mon cher Guillot, que faut-il que je faſſe ?
Car on me preſſe enfin. Demain je dois payer,
Et ſi je ne fournis un homme à l'Officier,
Il relâche René, mais l'argent reſte en gage.
Quoi ! nul de ſes amis ne peut, en ce moment,
De ſon affection donner un témoignage ?
Partir pour lui ? quelqu'un obligeamment. . . .

GUILLOT.

Bon ! tout au plus, peut-être, un mari mécontent,
Fatigué de ſa femme, ennuyé du ménage,

Encor n'en eſt-il point qui par quelque côté,
N'imagine être heureux dans ſon adverſité.
Cherchons plutôt.

AIR : *Vaudeville du Roi & le Fermier.*

Le gros Simon voit ſa Nicole
Tout le jour avec ſon voiſin.
Mais, entre nous, c'eſt un chagrin
Dont la voiſine le conſole.
De celui-là n'attendons rien ;
On rit du mal quand on eſt bien.

MATHURINE.

Le jeune Pierre a du courage ;
On peut l'engager à partir.

GUILLOT.

Bon ! y feriez-vous conſentir
Toutes les filles du village ?

MATHURINE.

De celui-là n'attendons rien ;
On fuit le mal quand on eſt bien.

Nicodeme a la mort dans l'ame ;
Il a perdu ſes trois procès.

GUILLOT.

Oui ; mais ce qui vaut un ſuccès,
Hier il a perdu ſa femme.
De celui-là n'attendons rien ;
Il étoit mal ; le voilà bien.

Ainſi, la choſe eſt claire ;
D'en nommer davantage il n'eſt pas néceſſaire :
Compter ſur eux ſeroit un tort.

MATHURINE.

N'importe, allons toujours faire un dernier effort.

J'ai

J'ai mon dessein, & si nul ne s'enrôle,
Quoi qu'il puisse arriver, je tiendrai ma parole.

SCENE VI.

GUILLOT, *seul.*

QUEL seroit son dessein? Oui.. non... parbleu si fait,
Elle ira pour René s'engager elle-même....
Tout de bon? Mathurine iroit....
Oui, oui; je sais comme elle l'aime....
Le trait est neuf, & franchement
S'il falloit, pour en faire autant,
Etre aussi tendre qu'elle, ou du moins le paroître,
On attendroit un siecle, & plus encore peut-être,
Sans completter le Régiment.

SCENE VII.

RENÉ, GUILLOT.

GUILLOT.

EH! le voilà! vive la joie!
C'est lui, ma foi, c'est lui que le Ciel nous renvoye;
Embrassons-nous. Morguenne encor.

RENÉ.

Bonjour, Guillot,
Bonjour!

GUILLOT.

Allons, accourez tôt,
Pierre, Agathe, Lucas, Blaise, Hubert, Jacqueline,
Tous ici, tous : amenez Mathurine;
C'est René, C'est René.

SCENE VIII.

GUILLOT, RENÉ, PAYSANS & PAYSANNES.

RENÉ.

C'EST moi, certainement,
Moi qui suis libre, & qui ne sais comment;
Mais toujours à bon droit très-satisfait de l'être.

UN PAYSAN.

Comme chacun s'est allarmé!
Pourquoi donc trois jours sans paroître?
Je t'ons cru mort.

RENÉ.

Je n'étois qu'enfermé.

LE PAYSAN.

Te laisser engeolai! toi qu'avais la malice
Tous les ans, quand t'étois garçon,
De fuir le premier du canton,
Pour ne pas tirai la milice.
Moi, je n'y comprends rian.

RENÉ.

Je les fréquentois tous :
On s'amuse, on parle d'affaire,
On médit de sa femme, en remplissant son verre ;
On boit un coup, deux coups, trois coups,
Et l'on fait ce qu'ils m'ont fait faire.

AIR : *V'la ce que c'est que d'aller au bois.*

Comme j'étois en belle humeur,
V'là ce que c'est qu'être buveur !
Un d'eux m'accoste avec douceur,
Me dit : « Quelle allure !
» Quelle noble encollure !
» Je gagerois qu'il a du cœur :
» V'là ce que c'est qu'être buveur » !

AIR : *Allons donc, Mademoiselle.*

Du vin pour le camarade,
Il semble d'un bon alloi :
Tope. Versons-lui rasade ;
Trinque à la santé du Roi :
Eh ! buvez donc, mon camarade,
Trinque à la santé du Roi.

Je bois toujours à ce que j'aime,
Il n'a pas fallu m'en prier :
On redouble. J'en suis, & même
Je mets tout bonnement mon nom sur un papier.
Le lendemain je me réveille,
Je cherche ma maison, Mathurine & mon lit :
Je m'apperçois bientôt des écarts de la veille ;
Et quand je veux sortir, on m'endosse l'habit.

AIR : *Attendez-moi sous l'orme.*

J'enrage & me désole
De voir qu'on me retient ;
Mon courage s'envole
Quand ma raison revient.

Et, Meſſieurs, voilà comme
Souvent un fanfaron
S'endort en vaillant homme
Et s'éveille en poltron.

Si bien que j'ai pris patience :
Au Major, en ſecret, on a gliſſé deux mots :
Je ne ſais trop qui c'eſt ; le Ciel l'en récompenſe.
Lors celui-ci m'a dit : « décampe en diligence,
» Tu renverras ce ſoir l'uniforme ». A propos,

AIR : *Des billets doux.*

Chers amis, calmez mon effroi ;
Je ſuis en tranſe ; apprenez-moi,
Pour raſſurer mon ame,
Ce que doit demander toujours
Un homme abſent depuis trois jours :
Meſſieurs, que fait ma femme ?

PREMIER PAYSAN.

AIR : *Ne v'la-t-il pas que j'aime !*

Tout auſſi-tôt qu'alle eut appris
Ta fuite & ſon veuvage,
On entendit par-tout ſes cris.

RENÉ.

En effet, c'eſt l'uſage.

AUTRE PAYSAN.

De te chercher dans tous les coins
Las ! elle eut le courage,
Et ſa douleur eut des témoins.

RENÉ.

Oui, c'eſt encor l'uſage.

GUILLOT.

On la laiſſa ſe déſoler ;
Et dans tout le village,
Nul n'a daigné la conſoler.

RENÉ.

Mais, c'eſt pourtant l'uſage.

N'eſt-ce pas elle, amis; que j'apperçois là bas?

UN PAYSAN.

Oui, c'aſt elle, en effet, qui court tant qu'alla d'force.

RENÉ.

Femme pourtant, dit-on, en pareil cas,
Ne gagnera jamais d'entorſe.

SCENE IX.

LES PRÉCÉDENS, MATHURINE.

RENÉ.

AIR : *Ah! le bel oiſeau, maman!*

EH! morguenne, embraſſons-nous!

MATHURINE.

Oui; reſſerrons notre chaîne.

ENSEMBLE.

Embraſſons-nous,
Aimons-nous,
Reſſerrons des nœuds ſi doux.

LES PAYSANS *en chœur.*

Embraſſez-vous,
Aimez-vous,
Reſſerrez des nœuds ſi doux.

RENÉ.

Je n'ai point trahi ma foi,
Ou par froideur, ou par haine ;
Le vin m'éloignoit de toi,
C'eſt mon cœur qui me ramène :
Eh ! morguenne, embraſſons-nous !

MATHURINE.

Oui, reſſerrons notre chaîne.

ENSEMBLE.

Embraſſons-nous,
Aimons-nous,
Reſſerrons des nœuds ſi doux.

LES PAYSANS *en chœur.*

Embraſſez-vous,
Aimez-vous,
Reſſerrez des nœuds ſi doux.

MATHURINE.

AIR : *Nanon dormoit.*

Ah ! que pour moi
Ton retour a de charmes !
Oui, loin de toi
Je paſſois dans les larmes
Des jours tiſſus d'ennuis :
René ! René ! René ! que dirai-je des nuits ?

RENÉ.

AIR : *M. le Prevôt des Marchands.*

Où ſont mes enfans, & pourquoi
Ne s'offrent-ils donc pas à moi ?

MATHURINE.

Les amener ! eh ! pourquoi faire ?
Car tu ſais qu'ils ne parlent pas.

RENÉ.

Ils auroient agité, ma chere,
Ils auroient agité les bras.

MATHURINE.

Vois comme ici chacun s'empresse
A te montrer son allégresse.

UN PAYSAN.

C'est que de li tertous je n'saurions nous passer:
Je l'aimons. Son départ nous causoit une peine
Que son retour a fait cesser.
Et pour l'en assurer, morguenne,
Je danserions à nous lasser,
Je chanterions à pardre haleine.

CHŒUR DE PAYSANS.

AIR : *Vaudeville & chœur du Tableau Parlant.*

Goûtez le bien suprême
D'une tendresse extrême ;
René boit comme il aime ;
Il aime comme il boit.
On le voit,
L'amour croît,
Grace à l'absence même :
Il n'est plus de tourmens,
Quand les époux sont amans.

RENÉ.

Je jure à tes attraits
Un éternel hommage ;
J'aimerai désormais
Plus que jamais ;
Nuit & jour je m'engage
A t'en donner le gage.

MATHURINE.

C'est promettre beaucoup.

RENÉ.

tiendrai tout.

CHŒUR.

Goûtez le bien ſupême
D'une tendreſſe extrême,
René boit, &c.

Mathurine & René ſe retirent ſur le coin de la ſcene. René s'occupe alternativement de la fête qu'on lui donne, & de la triſteſſe que ſa femme témoigne par intervalles.

(On danſe. Des Payſans & des Payſannes ſe détachent du Chœur & chantent aux Epoux réconciliés les couplets qui ſuivent.)

UNE PAYSANNE.

AIR : *Je ſuis Madelon Friquet.*

Troublons quelquefois l'accord
Et les plaiſirs qu'Hymen diſpenſe ;
Troublons quelquefois l'accord
Pour être mieux unis encor.
Changer ne fut jamais un tort ;
L'amour renaît par l'inconſtance :
Toujours heureux, il s'endort.

Troublons quelquefois, &c.

UNE AUTRE.

L'Hymen eſt un Dieu boudeur ;
Il a des torts, même au village ;
L'Hymen eſt un Dieu boudeur,
Il faut lui paſſer ſon humeur.
C'eſt l'accord qui fait le bonheur ;
Quand la paix eſt dans le ménage,
Le plaiſir eſt dans le cœur.

L'Hymen, &c.

UN PAYSAN.

Fuyons, malheureux époux,
Lorſque notre femme eſt rebelle ;
Fuyons, malheureux époux,
L'abſence échauffe un cœur jaloux ;
Mais craignons, dans notre courroux,
D'aller nous enrôler loin d'elle,
Nous pourrions l'être chez nous.

Fuyons, &c.

(On danſe.)

RENÉ.

Danſons auſſi, nous. Mais, Princeſſe,
D'où naît, en ce moment, cette ſombre triſteſſe?
Qu'as-tu ?

MATHURINE.

Moi... je n'ai rien...

RENÉ.

Parle-moi franchement.

MATHURINE, (*à part.*)

Que ne puis-je à René déguiſer mon tourment!

RENÉ.

AIR : *Laiſſe-moi, d'Annette & Lubin.*

Tu frémis !
Tu gémis !

MATHURINE.

Grands dieux !

RENÉ.

Des larmes coulent de tes yeux.

MATHURINE.

Laiſſe-moi ſortir de ces lieux.

RENÉ.

Non. Tu diras
Ton embarras.

MATHURINE.

Hélas !

RENÉ.

AIR : *Dans les Gardes Françoiſes.*

Si mon retour te gêne,
Dis-le ſincérement ;
Demain, René ſans peine,
Retourne au Régiment.

Pour quereller, ma chere,
Rentré-je donc chez moi ?
Morbleu, guerre pour guerre,
J'aime mieux être au Roi.

MATHURINE.

AIR : *Quel désespoir ?*

Cruel ! pourquoi
Former un soupçon téméraire ?
Cruel ! pourquoi
Douter sans cesse de ma foi ?

Je fais tout pour te plaire,
C'est-là mon seul souci :
Ta tendresse m'est chere,
Mon cœur l'a trop senti.

Cruel ! pourquoi
Former, &c.

RENÉ.

AIR : *Comment faire ?*

Tiens, tiens, ne dissimulons pas :
Dis-moi mon fait ; & de ce pas
Je décampe, & pour cause.
Malgré ma peine & ton caquet,
J'aime mieux porter le mousquet
Qu'autre chose.

Eclaircis ce mystere, & dis la vérité,
J'exige cet aveu de ta sincérité.

MATHURINE.

Je ne saurois.

RENÉ.

Qui t'embarrasse ?

MATHURINE, *tragiquement.*

Sais-tu bien à quel prix j'obtiens ta liberté ?
Sais-tu bien qu'un autre à ta place ?...

RENÉ, *prenant le change.*

Un autre auroit osé... que dis-tu !... mais son nom.

MATHURINE.

Ne m'interroge plus.

RENÉ.

Parle, je le veux.

MATHURINE.

Non.

AIR : *Réveillez-vous.*

Encore un coup, je suis muette.

RENÉ.

Quel changement trois jours ont fait !
Je m'y perds ! Comment ! toi, discrette !

MATHURINE.

Juge par-là de mon secret.

RENÉ.

C'en est trop : malgré moi je céde à la colere ;
Vous ne m'avez jamais chéri.

Mais je vais ſavoir tout & vous aurez beau faire.

(*Aux Payſans.*)

Suivez-moi, mes amis : débrouillons ce myſtere ;
Je crains trop les ſecrets qu'on cache à ſon mari.

SCENE X.

MATHURINE, *ſeule.*

AINSI je n'ai trouvé perſonne
Qui pût me ſecourir dans ce malheur urgent ;
On attend un Soldat, & ſi je ne le donne,
René reprend l'habit ou je perds mon argent.
Suivons donc le projet que l'amour a fait naître,
La nuit ſe prête à mon deſſein ;
Livrons-nous pour René. Je le ſuis. Mais enfin
Je le dérobe aux maux qu'il ſouffriroit peut-être.

AIR : *Charmante Gabrielle.*

A verſer la triſteſſe
Sur les jours de René,
O fortune traîtreſſe !
Ton bras eſt obſtiné.

Mathurine jalouſe
S'offre à tes coups.
Au riſque de l'épouſe
Sauvons l'époux.

AIR : *Gentille paſtourelle.*

Si ma mauvaiſe étoile
Vouloit qu'un accident
Vînt à lever le voile
De mon déguiſement,

Je ne ſaurois que faire
Pour ſortir de ce pas ;
Mais cependant j'eſpere
Qu'on ne me tueroit pas.

AIR : *Eh! mais oui dà.*

Qu'un loup plein de furie
Sortant du fond d'un bois,
Dans une bergerie,
S'enferme en tapinois,
Eh ! mais oui dà,
On ne ſauroit trop le punir de çà :
Eh ! mais, &c.

Mais que du précipice
Pour ſauver ſon époux,
Une brebis ſe gliſſe
Dans un troupeau de loups,
Eh ! mais oui dà,
On ne peut pas trouver du mal à çà :
Eh ! mais, &c.

SCENE XI.

MATHURINE, NICETTE.

NICETTE.

RENÉ par-tout court & s'informe ;
Il eſt allé, dit-on, conſulter le Sorcier :
Puis de la part de l'Officier
Un Soldat eſt venu pour chercher l'uniforme,
Il vous attend.

MATHURINE.

J'y vais.

SCENE XII.

NICETTE *seule.*

TOUT ce vacarme-ci
Pourroit fort bien...... Qu'est-ce ceci ?

SCENE XIII.

NICETTE, BARBARIGO, PAYSANS *qui se précipitent en foule autour de lui.*

BARBARIGO.

AIR : *De ces forêts.*

AVONS l'air fier & le cœur intrépide,
La valeur me guide ;
Mais je viens, ma foi,
Je ne sais trop pourquoi.
Dieu du hasard, de moi soudain dispose ;
Fais qu'à quelque chose
Mon bras vigoureux
Soit utile en ces lieux.

SCENE XIV.

LES PRÉCÉDENS, GUILLOT.

BARBARIGO.

BONJOUR, enfans.

GUILLOT.

Toujours gai comme à ſon ordinaire.

UN PAYSAN.

C'eſt notre ancien ami.

UN AUTRE PAYSAN.

C'eſt notre ancien voiſin.

NICETTE.

Je me trompe, ou c'eſt lui qui revient de la guerre;
C'eſt Barbarigo mon couſin.

BARBARIGO.

Barbarigo lui-même, *& qu'on n'attendoit guère :*
C'eſt Nicette, je crois, la fille à Simonin.

NICETTE.

Juſtement.

BARBARIGO.

On s'embraſſe au retour d'un voyage.

NICETTE.

Embraſſons donc.

BARBARIGO.

Mais charmante! & quel âge?

NICETTE.

Quinze ans vienne le Mai.

BARBARIGO.

Comme elle a profité!
Rien n'eſt changé dans ce Village?

NICETTE.

Tout eſt comme il étoit.....

BARBARIGO.

Lorſque je l'ai quitté.

Et René, Mathurine....

NICETTE.

Ils ſont bien dans les larmes.

BARBARIGO.

Comment!

GUILLOT.

René s'eſt engagé.

BARBARIGO.

René, dis-tu?

GUILLOT.

Nous tenons ſon congé,

Mais le Village entier n'eſt pas moins en allarme

BARBARIGO.

René Soldat! à ſon âge! & pourquoi?

NICETTE.

AIR : *De Joconde.*

Pourquoi? C'eſt qu'ils ont eu tous deux
Diſpute aſſez légere.
René, par dépit, courageux,
S'étoit fait militaire.

BARBARIGO.

De mari ſe faire ſoldat!
Le ſot n'y prend pas garde :
Ce n'eſt pas là changer d'état;
C'eſt changer de cocarde.

GUILLOT.

Nous gémiſſons; mais plus que lui
Nous plaignons Mathurine :
On a tout à craindre aujourd'hui
De ſon humeur chagrine.

Hélas!

Hélas ! quand on la pousse à bout,
La femme est toujours prête
A faire en secret quelque coup,
Quelque coup de sa tête.

BARBARIGO.

Que feroit-elle, en bonne foi ?

GUILLOT.

Je ne sais trop ce que peut faire
Un esprit féminin à tel point consterné ;
Mais elle a dit cent fois, dans sa douleur amere,
Qu'elle étoit prête à mourir pour René.

BARBARIGO.

Serment chimérique & frivole,
Que de tout tems, le sexe s'est permis !
Dans les premiers transports il a souvent promis ;
Mais rarement il a tenu parole.

AIR : *M. le Prevôt des Marchands.*

Les femmes de nos bons ayeux
Se livroient au trépas pour eux :
N'attendons point cela des nôtres.
Elles ont raison, sur ma foi :
On ne doit pas mourir pour d'autres
Dans un siecle où l'on vit pour soi.

NICETTE.

De leur part néanmoins nous craignons un esclandre ;
Et vous êtes le seul qui puissiez les défendre.

BARBARIGO.

S'il faut prêter ici le secours de mon bras,
Je suis prêt à tout entreprendre.

AIR : *Mais Rozette ne paroît pas.*

Comptez sur le cœur d'un ami ;
Comptez sur mon courage.
Oui, je prétends remettre ici
L'accord dans le ménage.

A Mathurine, sans façon,
Je puis faire entendre raison.
D'autres que moi
Pourroient, ma foi,
Douter d'un pareil succès :
Mais
Je ne crains rien ; & dès ce jour,
Rendus tous deux à notre amour,
Tendres amans,
Epoux charmans,
Chacun les embrassera.
Là.

La nuit s'avance, amis, ne tardons pas :
Jusques à leur maison, accompagnez mes pas ;
Réunissons un couple aussi fidéle :
Et voilà bien, Messieurs, ce qui s'appelle
Arriver à propos pour tirer d'embarras.

En s'en allant.

AIR : *Vive le vin.*

Oui, Bacchus, la Gloire & l'Amour,
Sont des dieux qu'on sert tour-à-tour
Sous les étendarts de Bellone :
Qu'à chacun d'eux on s'abandonne,
Chacun d'eux comble nos desirs ;
Ils ont tous trois leur charme & leurs plaisirs ;
Ils ont tous les trois leur couronne.

(*Les Paysans reprennent le couplet, & le chantent en s'éloignant.*)

ACTE II.

SCENE PREMIERE.

SOLDATS, (*dans la Caſerne.*)
MATHURINE *en Soldat.* (*Il fait un peu nuit*).

MATHURINE.

CIEL! je tremble.. Avançons.. Je frémis malgré moi...
Le ſilence affreux... la nuit ſombre...
Cet Etendard flottant dans l'ombre...
Tout conſpire en ces lieux à me glacer d'effroi.

AIR : *Non je ne ferai pas.*

Que ſous ces vêtemens Mathurine eſt perplexe !
Je ſens bien que le cœur ne peut changer de ſexe ;
Que je ſerois chez moi plus utile à l'Etat,
Et qu'en un mot l'habit ne fait pas le ſoldat.

Courage ! Entrons.... J'entens du bruit. Ciel ! il redouble.

SOLDATS, *derriere le Théâtre.*

AIR : *Menuet de la Garde.*

Non, le dieu des combats n'eſt pas ſi meurtrier ;
Après la guerre,
Quittant l'air guerrier,
Il ſait avec Bacchus, d'un ton plus familier,

Contre le lierre
Troquer ſon laurier.
Quand le Tokai pétille & rit dans la fougere,
J'oublierois tout, je croi,
Hormis ma bouteille & mon Roi.

Non : le dieu des combats, &c.

MATHURINE.

La gaîté de leurs chants ne calme point mon trouble.

SCENE II.

MATHURINE, RENÉ, *une lanterne à la main.*

RENÉ.

AIR : *Jardinier, ne vois-tu pas ?*

JE vais cherchant à grands pas :
Voyez ma bonté d'ame ;
Ce qu'un autre en pareil cas
Ne chercheroit certes pas,
Ma femme, ma femme, ma femme.

MATHURINE, *à part.*

Ciel ! c'eſt René.

RENÉ.

AIR : *Petite, vos talons.*

Petite, petite,
Où diable êtes-vous ?
Venez, venez vite
Calmer votre époux ;
Sa peine eſt extrême ;
Et s'il vous rejoint,
Vous verrez qu'il aime
Comme on n'aime point. *bis.*

MATHURINE, *à part.*

S'il m'alloit reconnoître.
Evitons-le. Tâchons de disparoître.

RENÉ.

AIR : *Comme v'là qu'est fait !*

J'entends remuer quelque chose ;
Au moindre bruit
L'espoir me luit ;
Je vois un phantôme, & je n'ose. . . .
De la peur,
Mon cœur,
Sois vainqueur.
Le vent fait trembler ma lanterne. . . .
Est-ce un racoleur ?
Un voleur ?
Palsangué, voilà la caserne,
Et c'est un soldat en effet.

MATHURINE, (*à part.*)

Pas tout-à-fait,
Pas tout-à-fait.

RENÉ.

AIR : *Ton humeur est Catherine.*

Avez-vous vu Mathurine ?

MATHURINE.

Non ; je ne la connois pas :
Est-ce une beauté divine ?

RENÉ.

Hé ! que vous font ses appas ?
Ma femme est laide & jalouse.

MATHURINE, (*avec humeur.*)

Il faut donc vous résigner :
Perdre un pareille épouse,
Monsieur, c'est beaucoup gagner.

RENÉ.

AIR : *Vaudeville des Femmes vengées.*

Ma foi, c'eſt elle : à ſa colere,
Je ne ſaurois plus en douter.
Ciel ! c'eſt vous !....

MATHURINE.

Paix, Laiſſez-moi faire,
Par amour, je dois vous quitter;
Je courrai pour vous à la gloire....

RENÉ, *approchant ſa lanterne du viſage de Mathurine.*

Elle a bien l'air d'un homme : Mais,
Il faut cependant pour le croire,
N'y pas regarder de trop près. *bis.*

MATHURINE.

Parlez moins haut.

RENÉ.

Comment !

MATHURINE.

Silence,
Le moindre bruit peut nous trahir.

RENÉ.

Sous cet habit prétends-tu fuir ?
Et crois-tu que ma réſiſtance....

MATHURINE.

AIR : *Si le Roi m'avoit donné.*

Oui, ma tendreſſe en ce jour
Loin de toi m'entraine.

RENÉ.

Fort bien ! tu joins, par retour,
La fuite à la haine.
Si c'étoit là de l'amour,
Chaque mari, tour-à-tour,

Aimeroit la ſienne
Au gué,
Aimeroit la ſienne.

RENÉ.

AIR : *Turlurette.*

Reſte ici.

MATHURINE.

M'eſt-il permis ?
A l'Officier j'ai promis.

RENÉ.

Ta promeſſe eſt indiſcrette,
Turlurette,
Turlurette, ma tanturlurette.

On diroit dans le hameau,
« Mathurine a le chapeau ;
» René porte la cornette »,
Turlurette,
Turlurette, ma tanturlurette.

AIR : *Tu croyois, en aimant Colette.*

D'uſer du pouvoir de ſes charmes,
La femme doit ſe contenter ;
Le ſexe à qui l'on rend les armes,
N'eſt point habile à les porter.

Renonce, dis-je, à ce projet étrange,
Je te l'ordonne, & ſuis-moi promptement.

SCENE III.

LES PRÉCÉDENS, SOLDATS, *ivres.*

LES SOLDATS.

QUAND le Tokai pétille & rit dans la fougere,
J'oublierois tout, je croi,
Hormis ma bouteille & mon Roi.

RENÉ.

Quel tumulte ! quel bruit ! qu'entens-je ?
Les voilà, décampons.

PREMIER SOLDAT.

Eh ! l'ami ! doucement,
C'est-là, je crois, l'habit du Régiment ;
Il emmene un Soldat.

RENÉ.

Non, Monsieur.

SECOND SOLDAT.

Il l'emmene.

RENÉ.

C'est que je suis pressé.

PREMIER SOLDAT.

Sarpéjeu, reste-là.
Si je m'y mets !.. Toi, camarade, holà !
N'es-tu pas enrôlé sous notre Capitaine ?

* AIR : *Allons donc, jouez, violons,*

Qui peut donc retarder ton zele ?
N'entends-tu pas Mars qui t'appelle
Dans la carriere des exploits ?
Qui peut donc retarder ton zele ?
N'entends-tu pas Mars qui t'appelle
Et qui t'appelle par ma voix ?
Une fois, deux fois & trois fois.

MATHURINE.

AIR : *Je suis Lindor.*

Sous vos drapeaux, oui Messieurs, je m'engage ;
Et s'il me manque encore en cet état
Quelque vertu pour faire un bon soldat,
Non, croyez-moi, ce n'est pas le courage.

---

* L'air & l'accompagnement de ce coupler parodient l'air d'Alceste : *Caron t'appelle.*

SECOND SOLDAT.

Quand... je... lui... disois, moi... c'est que j'étois bien sûr
Qu'il s'efforçoit d'en faire un lâche:

RENÉ, *à Mathurine.*

Esquivons-nous. Suis-moi. Passons le long du mur.

PREMIER SOLDAT.

Il s'enfuit !

RENÉ.

Non, Monsieur.

SECOND SOLDAT.

Si ton bras... ne... le lâche.

MATHURINE.

AIR : *De la Pierrefitoise.*

Laisse-moi, je suis prête à partir.

RENÉ.

Non, morgué, je n'y puis consentir.

SOLDATS.

Eh ! maraut, pourquoi le retenir ;
Cesse, ou bien nous allons t'en punir.

MATHURINE.

Messieurs les soldats,
Ne frappez pas.

SOLDATS.

Non, tu partiras ;
Non, sur nos pas
Tu marcheras.

MATHURINE.

Messieurs les soldats,
Ne frappez pas.

SOLDATS.

Non, tu partiras;
Non, ſur nos pas
Tu marcheras.

MATHURINE.

J'ai promis, je ſuis prête à partir.

SOLDATS.

Eh ! maraut, pourquoi le retenir !

RENÉ.

Non, non, non; je ne lâcherai pas.

SOLDATS.

Par la mort ! il faut lui mettre un bras
Bas.

MATHURINE & RENÉ *pouſſant un grand cri.*
Ah !

SCENE IV.

LES PRÉCÉDENS, BARBARIGO, PAYSANS & PAYSANNES.

BARBARIGO *arrive le ſabre au poing, & croiſe les armes des Soldats.*

AIR: *M. Charlot.*

ATTENDEZ-MOI !

MATHURINE.

Grand Dieu ! le ciel nous aime.
Barbarigo lui-même.

RENÉ.

Barbarigo ! c'eſt toi !

BARBARIGO.

Décampez tous.

SOLDATS.

Il eſt à nous.

BARBARIGO.

Fuyez au moment même,
Ou mort....

SOLDATS.

Craignons ſes coups.

RENÉ.

AIR : *De M. Sodi.*

Comment ! c'eſt toi ! qui t'amene
Preſqu'au moment du combat ?

BARBARIGO.

Moi ! j'étois là pour la ſcene,
J'attendois un coup d'éclat :
Mais las ! leur troupe incivile
D'avance a craint mon courroux ;
Et ſi mon rôle eſt utile,
Amis, ce n'eſt pas à vous.

RENÉ.

AIR : *Allez donc, Mademoiſelle.*

Enfin la rencontre eſt bonne,
Camarade, embraſſe-moi.

BARBARIGO.

Que Mathurine m'étonne !
Sous les armes ! & pourquoi ?
(*à Mathurine.*)
Enfin la rencontre eſt bonne,
Camarade, embraſſe-moi.

MATHURINE.

Non, je ſauvois René : votre valeur traitreſſe
M'empêche en ce moment d'accomplir ma promeſſe.

NICETTE.

AIR : *De tous les Capucins du monde.*

En vérité votre ſcrupule,
Ma tante, eſt un peu ridicule ;
Pour moi, je n'en aurois pas tant.
Une embraſſade eſt toujours bonne,
Soit quand un mari nous la prend,
Soit quand un ami nous la donne.

BARBARIGO.

AIR : *Si le Roi m'avoit donné.*

Ah ! quel regard aſſaſſin
Cet œil noir me darde !
Si j'ai rompu ſon deſſein,
C'étoit par mégarde.
Contre un eſprit ſi lutin,
Cher ami, ſoir & matin,
Sois toujours en garde,
Au gué,
Sois toujours en garde.

RENÉ.

Mais qu'as-tu donc encore, & qui peut t'effrayer ?

MATHURINE.

L'aſpect du ſort qui nous menace ;
Cent écus que je livre, & qu'il faudra payer ;
Ou la néceſſité d'aller prendre ta place ;
Crois-tu ces maux ? ....

BARBARIGO.

N'y ſongez pas :
Mon amitié prend tout ſur elle.
Je cours chez l'Officier, & j'y cours de ce pas :
Je ſaurai l'attendrir, & dans un autre cas
J'ai de l'argent, s'il eſt rebelle.

SCENE V ET DERNIERE.

LES PRÉCÉDENS, ARLEQUIN *en habit d'Officier, du haut de la Tour.*

ARLEQUIN.

AIR : *Paisibles bois.*

Rassurez-vous, ſon cœur eſt généreux ;
René, jouis en paix du congé qu'il te donne ;
Toi, déſormais, ſois moins fougueux,
Barbarigo, je te pardonne.

RENÉ.

Quel heureux à-propos l'amene en ce moment!
Quand il eut été là pour attendre l'inſtant...

ARLEQUIN.

AIR : *De Joconde.*

Je ſais aſſez que nul ici
N'attendoit ma perſonne ;
Vous n'êtes pas les ſeuls auſſi
Que ma préſence étonne.
On auroit pu finir ceci
Sans y mettre du nôtre ;
Mais prenez ce dénouement ci,
En attendant un autre.

(*aux Epoux.*)

AIR : *Allez-vous-en gens de la noce.*

Conſervez un ſi beau modele
Qu'on ne ſuivra guère après vous :
Couple ſi tendre & ſi fidele,
Vivez long-temps, heureux époux :

Mais, sûr ma foi,
Oui, croyez-moi,
De peur d'éteindre un si beau zele,
Ne rentrez pas si-tôt chez vous.

(*Sur un air de récitatif d'Opéra.*)

C'est bien assez, chacun pour soi;
Mon rôle est fait : descendez-moi.

MATHURINE.

Air : *Du Vaudeville d'Epicure.*

Cher René, sa leçon est bonne,
Il nous apprend l'art d'être heureux;
Du conseil prudent qu'il nous donne,
Songeons à profiter tous deux.

RENÉ.

Et que l'amour qui nous enflamme
Soit de même utile à l'Etat;
Je le sers en aimant ma femme;
Un bon mari vaut un Soldat.

BARBARIGO.

Il tiendra parole, il l'assure,
Et les témoins sont ici tous,
Mais un jour, s'il étoit parjure,
Quoi qu'il puisse arriver, restez toujours chez vous.

Air : *Ne v'la t'il pas que j'aime !*

Chaque sexe a son lot ici,
L'un pourtant plus que l'autre;
Et s'il a le courage aussi,
Que reste-t-il au nôtre ?

RENÉ.

Bien dit.

BARBARIGO.

Allons, amis, si ce jour fut fatal,
Oublions-le. Ne songeons qu'à la danse,
Et célébrons avec reconnoissance
Ce modele éclatant de l'amour conjugal.

VAUDEVILLE.

BARBARIGO.

AIR : *Qu'en voulez-vous dire ?*

Mon cher ami, ta liberté
N'eſt que l'effet de ma préſence :
Mon courage eut mieux éclaté
Si leur bras eût fait réſiſtance ;
On pourra bien blâmer cela ;
Nous répondrons à ces gens-là :
C'eſt finir aſſez maigrement ;
Un peu d'indulgence,
Un peu d'indulgence ;
C'eſt finir aſſez maigrement ;
Mais il falloit un dénouement.

RENÉ.

Tiens, Mathurine, en vérité
Tu dois te faire conſcience
De m'avoir tant inquiété
Sur mon goût pour l'intempérance ;
Quand le vin produit la gaité,
L'Hymen n'en eſt que mieux traité ;
Et ſi boire eſt ma volupté,
Un peu d'indulgence,
Un peu d'indulgence ;
Et ſi boire eſt ma volupté,
C'eſt que je bois à ta ſanté.

NICETTE.

Pour maîtriſer ſon cher époux,
L'art d'une femme eſt la prudence :
L'Hymen a des momens plus doux
Quand il fait vœu de patience ;
Egards, petits ſoins & douceur
Chaſſent les chagrins & l'humeur.

Filles, qui prenez des maris,
Un peu d'indulgence,
Un peu d'indulgence;
Filles, qui prenez des maris,
C'est pour long-tems quand ils sont pris.

GUILLOT.

Il ne faut pas légérement
Taxer les femmes d'inconstance:
Quand on les aime tendrement,
Elles aiment plus qu'on ne pense.
Enfin malgré les sots discours
Tenus contre elles de nos jours,
Bien des maris n'ont pas été,
Excès d'indulgence!
Excès d'indulgence!
Bien des maris n'ont pas été
Ce que d'être ils ont mérité.

MATHURINE, *au Public.*

Le rire est l'ame de nos jeux;
Egaier est notre science.
Momus qui prêche est ennuyeux;
Le cœur s'endort quand l'esprit pense.
Notre but est uniquement
D'exciter ici l'enjouement;
Si cet espoir étoit trahi,
Un peu d'indulgence,
Un peu d'indulgence;
Mais si chacun s'est réjoui,
Chacun sait bien comme on dit oui.

FIN.

J'AI lu, par ordre de Monsieur le Lieutenant-Général de Police, *la Bonne Femme*; & je n'y ai rien trouvé qui m'ait paru devoir en empêcher la représentation & l'impression. A Paris, ce 4 Juin 1776. *Signé*, CRÉBILLON.

Vû l'Approbation, permis de représenter & d'imprimer.
Ce 16 *Juin* 1776. *Signé*, LE NOIR.

De l'Imprimerie de CHARDON, rue Galande, 1776.

www.ingramcontent.com/pod-product-compliance
Ingram Content Group UK Ltd.
Pitfield, Milton Keynes, MK11 3LW, UK
UKHW020445180726
13839UKWH00004B/1642

9 782329 494616